LE
COMMERCE
ET
LA PAIX

PAR
ADOLPHE TERWANGNE.

Tout concourt, il faut le reconnaître, à surexciter en France, l'esprit manufacturier : les inventions, les transformations de la matière se succèdent avec une rapidité merveilleuse.

Le Commerce extérieur seul peut appuyer tous les plans politiques qui tendent à équilibrer nos intérêts les plus légitimes.

PARIS
IMPRIMERIE DE H. CARION PÈRE, RUE RICHER 20

1856

AVERTISSEMENT

Dans l'ensemble de ce résumé, que nous pouvons appeler notre programme en Économie Commerciale (travail qui pourra bien ne pas intéresser tout le monde et dont nous ne produisons ici qu'une fraction), on reconnaîtra, toutefois, l'amour de l'ordre, de la classification, de l'enchaînement des idées, enfin, l'application des procédés analytiques et synthétiques, caractères qui, dans ces sortes d'études, appartiennent bien plutôt à la conscience qu'à l'esprit.

A défaut de talent, on nous accordera, nous l'espérons, un peu de cette chaleur d'âme qui atteste, du moins, que tout ce que nous avons pensé, écrit et publié depuis 1840, ne nous a été inspiré que par l'amour du bien public et en vue de la prospérité *internationale*. (1)

Homo sum, humani nihil à me alienum puto.
(Terence.)

(1) Voir les travaux de l'auteur à la fin.

LA GUYANE.

REVENDICATION DES TERRES DU CAP NORD ET DE LA

NAVIGATION DU FLEUVE DES AMAZONES.

Tout concourt, il faut le reconnaître, à surexciter en France, l'esprit manufacturier : les inventions, les transformations de la matière se succèdent avec une rapidité merveilleuse.

Le commerce extérieur seul peut appuyer tous les plans politiques qui tendent à équilibrer nos intérêts les plus légitimes.

Dans un travail commencé en 1844 et abandonné en 1852, travail dont quelques parties furent livrées à la publicité dans trois ports maritimes et à Paris, nous avons reproduit l'histoire des événements et des circonstances qui concernent la Guyane proprement dite et particulièrement nos possessions sur ce vaste continent américain. Nous avons rappelé que la Guyane française avait eu à supporter, comme nos autres colonies occidentales, tous les maux qu'entraîna avec elle la guerre maritime de la fin du dix-huitième siècle et du commencement du dix-neuvième. Que le gouvernement impérial n'ayant pas eu le temps de s'occuper des avantages que le commerce français pouvait retirer de ses possessions dans la Guyane, les Anglais surent profiter de cette sorte d'inattention, et comprenant bien tout ce qu'il y avait là de ressources pour nos intérêts, s'étaient réunis aux Portugais dans le but de s'emparer de cette colonie, sinon immédiatement, probablement dans l'avenir.... Il est juste de dire, toutefois, que dans cette circonstance, comme nous l'avons déjà fait observer, les Portugais agissaient contraints et forcés par leur situation propre à l'égard de l'Angleterre, le traité de 1705, œuvre du fameux négociateur Metwin, leur en faisant une obligation (1).

C'est en 1808, en effet, que la Guyane française, sous le gouverneur général Victor Hugues, fut attaquée par une expédition anglo-portugaise, et ce fut le 12 janvier 1809, qu'elle fut remise aux Portugais qui l'occupèrent 8 ans. Nous rappelons aussi qu'en la restituant, en 1817, toute demantelée, le Portugal se rendait coupable, sinon responsable, d'un litige non résolu depuis cette époque et qui, nous l'espérons, sera bientôt le sujet d'une nouvelle instance. Dans ces temps de rajeunissement, de réha-

(1) C'est dans les divers traités de l'Angleterre avec le Portugal qu'il faut aller scruter les véritables causes de ce fait, que la France aujourd'hui à un si grand intérêt à réviser.

bilitation morale et pour l'avenir de nos intérêts commerciaux, politiques et maritimes, une solution définitive touchant ce point litigieux, nous paraît être de la plus haute importance. Pour notre compte, nous faisons des vœux pour une prompte révision, par les pouvoirs de l'État, de l'art. 107 du traité de Vienne à cet égard et de la convention passée à Paris, sous la pression des événements, le 28 avril 1817.

La limite méridionale de la Guyane française n'est pas encore exactement déterminée, et plus avant dans ce travail, on verra combien il est important aujourd'hui que cette question soit éclaircie et résolue.

Dans l'origine, cette limite était formée par la rivière des Amazones, dont la navigation était aussi une propriété exclusive pour la France.

Mais le traité conclu à Utrecht le 11 avril 1713 (traité dont plus d'un point juridique serait à examiner), en réservant exclusivement au Portugal la navigation de ce grand fleuve, cédait à la même puissance des terres appelées *terres du Cap-Nord*, et situées entre la rivière des Amazones et celle de *Japoc* ou de *Vincent-Pinson*, (art. 8 du traité) et fixait la limite des deux Guyanes française et portugaise à la rivière de Vincent-Pinson, (art. 12 du traité).

Depuis lors, la détermination de cette limite a été un sujet de contestation entre la France et le Portugal, la cour de Lisbonne, prétendant confondre la rivière de Japoc ou de Vincent-Pinson qui a son embouchure près du Cap-Nord, vers 1° 35″ de latitude nord, avec la rivière d'Oyapoch, qui a la sienne près du cap d'Orange, par 4° 15" de latitude nord, et qui se trouve de quarante-cinq à cinquante lieues plus rapprochée de Cayenne que la première.

Aux termes de l'art. 107 du traité de Vienne, du 9 juin 1815, et par une convention passée à Paris le 28 août 1817, pour l'exécution provisoire des stipulations de cet article, la Guyane française fut donc remise à la France jusqu'à l'Oyapoch seulement, sauf décision ultérieure relativement aux contestations élevées quant à la fixation de la ligne de partage des terres situées entre cette dernière Rivière et celle des Amazones (1).

Les diverses tentatives faites pour arriver à la solution de ces contestations n'ayant produit aucuns résultats, le gouvernement, par des motifs d'urgence, a ordonné, en 1836, l'établissement d'un port français dans une île située au milieu du lac Mapa, non loin de la ligne de partage qui, d'après les traités, doit séparer la Guyane française de la Guyane brésilienne.

Le vague des limites intérieures de la Guyane française ne permet donc pas de déterminer l'étendue du territoire de la colonie d'une manière précise.

On peut dire seulement que la longueur de son littoral, depuis le *Maroni* jusqu'à la rivière de *Vincent-Pinson*, est de 125 lieues communes, sur une profondeur qui, poussée jusqu'au Rio-Brancho, ne serait

---

(1) Voir le traité conclu à Madrid, le 29 septembre 1801, et le traité d'Amiens, du 27 mars 1802.

pas moins de 300 lieues, et donnerait alors une superficie triangulaire de plus de 18,000 lieues carrées.

On évalue approximativement la distance de Cayenne à Brest à 1,300 lieues marines de 20 au degré.

La traversée de France à Cayenne est de 33 jours en calculant sur une marche moyenne de 40 lieues par jour ; elle est un peu plus longue pour revenir.

Maintenant que nous croyons avoir sommairement précisé tous les détails relatifs à cette négociation, c'est-à-dire à la revendication que nous croyons fondée des terres du Cap-Nord et de la libre navigation du fleuve des Amazones et des affluents, nous pensons aussi que cette question doit donner lieu à un débat sérieux et des plus importants pour nos intérêts sur ce point du globe.

La question est délicate et difficile, nous le savons, et les événements divers l'ont encore plus compliquée. Puisse néanmoins le gouvernement français trouver dans son propre pays, comme la Hollande le trouvait en 1608 dans l'immortel Grotius, un jurisconsulte assez fort, assez compétent, assez éclairé pour se charger de la résoudre (1).

Est-ce avec le Brésil, est-ce avec le Portugal, est-ce avec l'Angleterre ou les États-Unis, que nous

(1) Grotius en Hollande, Selden en Angleterre, l'illustre président Joamin (d'Autun), Claude Saumain (de Sémour), Morisot (de Dijon), Jean de Laët et de Mesmes en France, Vander Mulen, Huber, Voët, Bynkersoëk, Humann en Hollande, l'école de Savigny en Allemagne, M. Story, aux États-Unis, toutes ces hautes intelligences ont jeté la lumière sur ces sortes de propositions.

aurons à plaider maintenant cette revendication ?
C'est ce que l'analyse et l'enchaînement des faits di-
plomatique auront à établir.

Nous ajouterons encore, que sans cette revendication, notre situation dans la Guyane est une véritable lettre morte, ce qui sera facilement démontré
lorsqu'il s'agira de développer plus complétement le
plan d'organisation que nous avons conçu et suivi
dans toute sa portée depuis 1844, travail cons-
ciencieux, désintéressé et qui, nous pouvons l'affirmer sans vanité, nous a valu les approbations les
plus flatteuses et les plus compétentes (1).

Après ces indications, que nous croyons très-utiles
en ce moment, nous avons à présenter de nouveau,
comme nous l'avons fait depuis 1844, des considérations politiques et économiques touchant les alliances commerciales sur ce point du globe et sur
l'établissement d'une factorerie à Cayenne, établissement doté de certaines immunités et dont nous aurons à déterminer les attributions.

Dans l'ensemble de notre travail clos en 1852 et
remis alors à M. de Persigny, ministre de l'intérieur
et du commerce, nous établissions *à priori* comme
conséquences de l'application du plan proposé, les
avantages suivants : Sécurité, droits de propriété
réelle, développement et réhabilitation du travail
dans les Antilles, assainissement, industries di-

______

(1) Si la Guyane Française ne parvient pas à reprendre ses an-
ciennes limites et ses droits de propriété, elle ne pourra jouir que d'un
mouvement commercial très restreint, et malgré toutes ses ressources de
productions, cette colonie ne serait qu'une charge pour la Métropole. —
Alors, mieux vaudrait la céder.

verses, échanges, commerce avec la métropole, mouvement maritime , Bordeaux , Nantes et Dunkerque enrichis , colonies pénitentières , lieu de déportation. Point stratégique pour le règlement des intérêts internationaux , d'après l'autorité du droit des gens européens et des traités conclus , Juris-internationaux.

Des alliances commerciales dans la Guyane.

« Déjà nous avons eu occasion de dire que nous
» ne pouvions nous résoudre à ne voir dans les al-
» liances commerciales et les bons traités de navi-
» gation qu'une question de trésorerie, que de
» simples concessions de réciprocité dans les taxes,
» les priviléges et les surtaxes. Qu'avec les esprits
» progressifs de notre temps, nous pensions que, pour
» porter leurs fruits et concourir au problème si in-
» téressant de l'*internationalité* basée sur le droit
» et la justice, toutes les conventions de cette na-
» ture devaient être fondées sur de saffinités réelles,
» préparant, par la communauté des intérêts maté-
» riels, la communauté des intérêts politiques (1). »
Voyons donc si, dans la proposition qui nous occupe, se trouvent ces conditions d'affinité et de com-

---

(1) *De l'influence de l'organisation des intérêts matériels sur l'état social.*

Rapports du commerce avec la politique (Revue nationale de 1840).

munauté réelles établissant, suivant nous, les véritables bases de toutes bonnes combinaisons politiques.

Au point de vue économique, sans vouloir comparer la situation actuelle de la Guyane hollandaise et de la Guyane française, nous pouvons affirmer, cependant, que les causes de décadence, de stagnation et de ruine de l'une comme de l'autre, sont à peu près les mêmes.

Évitant à dessein d'exposer ici toutes ces causes, comme nous l'avons déjà fait dans un travail plus étendu, nous nous bornerons à dire, car telle est notre conviction, que les forces morales et politiques de la France et de la Hollande réunies et intelligemment combinées sur ce point du globe et à la suite d'une alliance commerciale sous l'empire du droit des gens européens, pourraient amener les plus salutaires résultats également profitables aux intérêts coloniaux, maritimes et commerciaux des deux puissances (1).....

La diplomatie officielle, celle qui n'agit qu'en vertu d'ordres, d'instructions, sur des plans solennellement discutés, pourrait-elle se charger de réaliser une semblable proposition? Nous ne le pensons pas, et cela par des motifs de prudence et de réserve

(1) Les preuves à l'appui de cette assertion se trouvent longuement développées dans nos divers travaux touchant les constitutions commerciales et l'étude du droit de la nature, dans ses rapports et ses différences avec le droit international.....

L'histoire, la géographie, la topographie et la statistique nous ont toujours guidé dans ces sortes d'études......

qui nous sont imposés et que l'expérience et la sagesse approuveront sans doute.

Pour trancher cette dernière question et triompher des difficultés occultes ou manifestes qui ne manqueront pas de s'élever, dans toutes les hypothèses, nous avons pensé qu'une simple constitution commerciale, ayant un caractère privé, pourrait sauver toutes les apparences, déjouer toutes les susceptibilités et produire néanmoins, avec le temps, des résultats certains dans l'intérêt des deux nations.

Les raisons déterminantes, au sujet de cette alliance commerciale, sont complexes et réclameraient assurément de plus longs développements, mais ce que tout le monde saisira sur-le-champ, c'est que le voisinage des propriétés hollandaises dans la Guyane, les établissements qui s'y trouvent, les connaissances profondes du peuple hollandais, éminemment formé aux entreprises commerciales de toutes natures, mais surtout l'absence de toute rivalité ou d'opposition d'intérêts avec la France, au contraire, les raisons les plus plausibles d'unité de vue et d'action, seraient de précieuses garanties pour le succès complet de la constitution qui nous occupe.

Sans vouloir exposer ici tous les résultats à espérer de l'exécution de ce projet, nous rappellerons simplement que la Hollande s'est toujours maintenue avec la France dans les rapports constants d'un bon voisinage, dont les temps de crise n'ont pu altérer la sincérité, et qui, réchauffés aujourd'hui par un intérêt commun, ne pourraient qu'influer de la manière la plus heureuse sur les destinées politiques des deux pays. La convention commerciale de 1840, sous le ministère de M. Thiers, a prouvé à elle seule, les sympathies du commerce hollandais pour la France et le désir d'arriver un jour à des alliances plus larges et plus intimes (1).

Une factorerie franco-hollandaise à Cayenne

Ranimer le travail et le commerce dans les Antilles, par les mesures et les moyens les plus intelligents, n'est-ce pas faire une chose utile et néces-

(1) On sait avec quel empressement le gouverneur de Surinam, le digne Baron Van Raders, s'est obligeamment chargé (en 1850) de transmettre la correspondance française à Démerary, où la prennent les vapeurs anglais.

Cet acte debon voisinage a pour résultat de mettre, désormais, la Guyane Française en communication avec nos autres colonies et la métropole. Le trajet de Surinam a Cayenne, par la vapeur, se fait en 24 heures. Avant cette mesure, la colonie française était quelquefois privée pendant 7 à 8 mois, des nouvelles de ce qui sepassait à la Guadeloupe, à la Martinique et en France.

Cette absence de communications régulières avec le reste du monde a été incontestablement longtemps une des causes principales de la langueur et de la décadence de cette colonie, colonie qui possède des ressources naturelles immenses et qui, sous une administration forte et intelligente, aurait pu remplacer avec avantage toutes celles dont nous avons été dépouillés.

saire, et préparer aux métroples, de grands avantages dans la balance des intérêts internationaux ?

Une factorerie à Cayenne, *intelligemment établie*, doit, suivant nous, résumer et réaliser, toutes les combinaisons et toutes les espérances relatives à un vaste plan commercial et politique sur ce point du globe (1).

Comment s'établira cette factorerie ? Quelles seront ses ressources et ses moyens de succès ? Quel en sera le caractère ? C'est ce que nous voulons expliquer ici en peu de mots.

Nous dirons tout d'abord, que le premier point sur lequel doit reposer l'enchaînement des opérations et

(1) Dans l'historique que nous avons fourni des principales compagnies ou sociétés de commerce, depuis les chevaliers Teutons, les Hospitaliers et les Templiers jusqu'à la constitution de la Maatchappy (en 1825). société (en Hollande) placée sous le patronage du roi Guillaume Ier, comme la compagnie des Indes (en Angleterre) l'avait été (en 1600) sous celui d'Élisabeth; dans cet historique, on peut voir ce qu'on doit attendre des factoreries bien placées, bien organisées et convenablement dirigées.

En passant en revue toutes ces diverses constitutions commerciales (chacune dans leur milieu, chacune dans leur temps) nous avons eu le soin d'indiquer et de signaler les abus, les fautes et les erreurs qui ont pu les compromettre, comme aussi nous avons dit *pourquoi* et *comment* le roi Guillaume 1er et ses *coassociés*, avaient épuré et perfectionné cette création de 1825, œuvre immense à laquelle se rattache tant de succès divers, tant de conquêtes pacifiques et qui, à elle seule, suffirait pour attester le génie et le caractère d'un peuple; si l'histoire ne l'avait dévancée.

Pour expliquer l'origine et les fondements de la richesse et de la prospérité d'un peuple, il ne faut pas regarder au dehors ; il faut la chercher dans le sein même des constitutions. — N'est-ce pas l'active et judicieuse industrie des Hollandais, n'est-ce pas l'ordre et l'économie de leurs chefs d'entreprise, n'est-ce pas la protection qu'ils trouvent toujours dans les lois égales pour tous, que sont les mines où ils puisent leurs trésors; et ces mines-là ne sont-elles pas à la portée de toutes les nations ?

le succès de la conception, serait un privilége exclusif, concédé par le gouvernement français, et cela pour un terme amphithéotique de quatre-vingt-dix-neuf ans, privilége devant faciliter la formation d'une Société de commerce et de colonisation, prenant pour dénomination la *Guyane* ; privilége doté de quelques concessions et immunités (1).

Dès lors le concessionnaire, d'accord avec le commerce et les capitalistes hollandais, fonde une simple association commerciale sous l'empire du droit des gens européens, association ayant pour objet d'abord l'établissement d'une factorerie à Cayenne.

Le terme de cette association correspondrait à celui concédé au privilége et à ses immunités, les immunités et les concessions étant toutes reportées sur la factorerie de Cayenne.

1 En 1636, une société Rouennaise obtint le privilége du commerce et de la navigation des pays situés entre l'Amazone et l'Orenoque. — Ses essais n'ayant pas réussi, il se forma, 10 ans plus tard, dans la même ville, une nouvelle compagnie sous le nom de compagnie du Cap Nord. — Elle obtint comme la précédente des lettres patentes qui lui concédaient tout le pays compris entre l'Orénoque et l'Amazone. — En 1651, on vit se former à Paris, sous le nom de la *France Equinoxiale*, une nouvelle compagnie composée de douze associés, que l'on nommait les *douze seigneurs*. Mais les *douze Seigneurs* ne furent pas plus heureux que leurs prédécesseurs et n'aboutirent qu'à un résultat déplorable.

Au mois de mai 1664, le roi révoquant toutes les concessions faites en faveur des sociétés particulières, autorisa, par un édit, la formation sous le nom de compagnie des *Indes Occidentales*, d'une association beaucoup plus vaste et à laquelle fut donné la propriété de toutes les îles et terres habitées par les Français dans l'Amérique méridionale avec le pouvoir d'y faire seule le commerce pendant *quarante ans*. C'est de cette époque qu'il faut dater la véritable fondation de la ville de Cayenne qui acquit alors une certaine importance, grâce au soin et à la prudence du gouverneur M. de la Barre.

Ainsi, Cayenne déclarée port libre et franc, laisserait à la factorerie le monopole de tous les avantages réservés à cette immunité.....

La factorerie seule utiliserait la portion du territoire contenu entre Cayenne et le fleuve des Amazones, territoire en litige, mais pouvant revenir à la France, par suite de négociations, par rachat, par échange, ou par conciliation.....

Seule, la factorerie pourrait réaliser le projet d'une navigation à vapeur sur le fleuve des Amazones et ses affluents, et monopoliser ainsi tous les avantages maritimes et commerciaux qui doivent en résulter et dont il a été parlé longuement.....

Il est entendu que le capital nécessaire à une telle entreprise serait préalablement constitué.....

Mais dira-t-on peut-être, le terme de quatre-vingt-dix-neuf ans, réclamé pour le privilége et ses immunités, peut paraître exagéré. A cela, nous répondrons : que pour donner la vie à une telle conception, et en tirer tout le parti possible dans l'intérêt du commerce et de la politique de la France et de la Hollande réunies sur ce point du globe, ce terme est raisonnable.

Ne s'agit-il pas en effet :

1° De procurer aux industries françaises et surtout aux tissus de laine et de lin, dont les matières premières sont des richesses du sol, trente millions de consommateurs de plus (1) ?

(1) On sait que Colbert, pour encourager et développer l'agriculture, fit établir 44,200 métiers en laine dans tout le royaume. On sait aussi

2° La possibilité de rendre la vie à ces possessions de la Guyane par la formation et l'établissement de petites colonies, employant à cet effet des moyens plus intelligents et des mesures plus efficaces que les tentatives incomplètement faites en d'autres temps (1) ?

3° De ménager à notre marine marchande et à tous les intérêts sur ce point, des ressources consi-

que, pour faciliter l'écoulement des produits manufacturés et en vue de réaliser le plan politique du cardinal de Richelieu, il encouragea la formation de trois compagnies de commerce : celle des Indes occidentales, celle des Indes orientales et celle des côtes d'Afrique, établissements qui ne furent pas exempts de reproches par les abus et les vices d'organisation, mais auxquels se rattachait assurément une grande pensée en matière de constitution politique.

(1) Dans un travail général, intitulé *Considérations politiques et commerciale sur la Guyane française*, nous avons fait connaître dans leurs détails ces diverses tentatives ; et pour nous éclairer à cet égard, nous avons puisé aux meilleures sources. Ainsi, de 1636 à 1828 tous les essais de colonisation avaient échoué et tous les sacrifices faits par le gouvernement, étaient en pure perte. — Ce fut alors seulement que le dévouement chrétien, guidé par la bienfaisance et l'amour du prochain, réalisa avec de faibles ressources d'argent, ce que des milliers d'hommes et *soixante millions de francs* n'avaient pu faire.

Madame Javouhey, fondatrice et supérieure générale de la congrégation des sœurs de St-Joseph de Cluny ayant offert de continuer l'entreprise de la colonisation et de fonder sur les bords de la Mana, des établissements propres à servir d'asiles aux enfants trouvés, son plan fut agréé par le gouvernement. Une nouvelle expédition composée de trente six sœurs de la congrégation, de trente-neuf cultivateurs engagés pour trois années et de quelques enfants, partit en août 1828, aux frais de l'État, sous la conduite de cette dame.

Le succès fut complet, et l'établissement de Mme Javouhey, sur les bords de la Mana, le seul qui ait prospéré dans la Guyane française, sert aujourd'hui de prototype à ce qui s'est fait et se prépare encore là, depuis 1852.—

dérables; et à nos rapports internationaux d'utiles
et salutaires points d'appui (1).

1 Ce pays produit les denrées équinoxiales les plus précieuses, parmi
lesquelles nous citerons : le café introduit en 1716; la canne à sucre ap-
portée en 1789; le coton, le cacao introduits vers 1728; le girofle, le
poivre, la canelle, la vanille, le vétivert, l'indigo, le tabac, le rocout,
le caoutchouc, la gutta-percha, etc., etc. ?...
Ce pays produit encore de magnifiques bois de construction et de
teinture. Il a de superbes pâturages, ses côtes sont très-poissonneuses et
ses rivières, principalement dans leurs cours supérieurs, renferment d'ex-
cellents poissons...
A toutes ces ressources, pour le commerce et la marine, il faut ajouter
encore tous les produits qui peuvent descendre par les affluents du fleuve des
Amazones et s'emmagasiner à Cayenne; et, enfin, tous les produits manufacturés venant d'*Europe* et pouvant, de *Cayenne*, se déverser *partout*,
soit par le pavillon hollandais jouissant *partout*, par suite de bons traités,
de véritables faveurs économiques; ou par notre propre pavillon qui,
par ce contact journalier et cette communauté d'intérêts doit, avec le
temps, acquérir les mêmes avantages et les mêmes perfectionnements...
On sait que l'économie dans les transports est pour beaucoup dans l'é-
coulement des produits et que, sous ce rapport, nous avons encore
beaucoup à faire pour rivaliser avec nos voisins !.....
En cela, nous pensons qu'une alliance commerciale avec la Hollande ne
peut que nous être très-favorable..

CONCLUSION.

Après avoir présenté quelques développements sur l'utilité et l'opportunité d'une alliance commerciale sous l'empire du droit des gens européens, entre la France et la Hollande, pour la fondation à Cayenne d'un comptoir ou factorerie, il nous reste à expliquer :

1° Pourquoi le port de Cayenne devrait être déclaré libre et franc;

2° Pourquoi la France devrait négocier avec le Brésil ou qui de droit, la restitution ou l'acquisition du territoire contenu entre Cayenne et le fleuve des Amazones. C'est ce que nous voulons faire ici.

Le port de Cayenne, dans l'hypothèse de notre projet, devrait jouir de cette immunité, parce que l'histoire ancienne et moderne de l'économie publique dans les constitutions commerciales, nous apprend que tel est le vrai moyen de donner la vie à un point central où peuvent venir se multiplier les transactions de toute nature, et par la circulation des produits et par la présence des hommes.

La Guyane française ne se trouve-t-elle pas au centre du globe et à l'embouchure des rivières qui arrosent de vastes contrées ? Le port de Cayenne surtout, ne semble-t-il pas destiné à devenir le pivot sur lequel doit rouler tout le commerce entre l'Europe et cette partie du Nouveau-Monde ?

Ainsi le port de Cayenne, déclaré libre et franc, ne présenterait-il pas pour la France, l'avantage immense de devenir l'entrepôt général de toutes les productions naturelles qui descendraient par tous les affluents du fleuve des Amazones, ainsi que de toutes les marchandises et de tous les produits manufacturés venant d'Europe ? N'est-il pas évident, en effet, que par ce moyen, la Guyane française peut devenir le premier anneau auquel viendrait s'enchaîner toutes les opérations d'un commerce vaste, actif, régulier, opportun, se développant depuis le nord de l'Amazone jusqu'à l'Orenoque et le golfe du Mexique ; et par le sud, s'étendant au Brésil, à la Bolivie, au haut et bas Pérou, à l'Équateur, à la Nouvelle-Grenade, etc., etc. centres de consommations et d'échanges, dont nous avons déjà eu occasion, à l'aide de la statistique, de faire ressortir toute l'importance (1).

Quant au territoire situé entre Cayenne et le fleuve des Amazones, propriété enlevée à la France par suite de subtilités diplomatiques et par l'intervention soudaine de certaines rivalités dans les traités d'Utrech et d'Amiens, ce territoire est indispensablement nécessaire pour laisser toute latitude, toute liberté dans les mesures (2) à prendre pour établir sur ce magnifique fleuve et ses affluents, une

---

(1) 400,000,000 d'affaires peuvent être concentrées facilement à Cayenne par l'action d'une factorerie telle que nous la comprenons.

(2) Soit un canal ou un chemin de fer.

navigation à vapeur régulière, navigation destinée à mettre en communication la Guyane française avec l'Amérique centrale...

Un coup-d'œil sur la carte géograhique et topographique du Nouveau-Monde suffit du reste, pour démontrer cette vérité : que la France est la seule puissance européenne convenablement partagée dans cette partie du globe pour l'adoption et la mise en pratique d'un tel projet.

Nous sera-t-il permis d'ajouter encore : que les progrès de la navigation à vapeur offrent maintenant à une entreprise de ce genre des facilités sans nombre, puisqu'il s'agit surtout de l'exploitation de larges cours d'eau au Pérou et à la Bolivie, et qu'enfin, en explorant de nouveau ce beau fleuve des Amazones et parvenant à y établir une navigation régulière, la France ferait une chose digne de ses hautes destinées, et rendrait en même temps hommage à la mémoire de l'illustre La Condamine, le premier français qui soit descendu depuis Jaen jusqu'à Oyapock, ainsi qu'aux savants hydrographes qui depuis lors, se sont prononcés sur les avantages et la portée d'une telle entreprise (1).

(1) MM. Tardif de Montravel, d'Aubigny, d'Osery et, en dernier lieu, MM. Henry et Emile Carrey, dont on a pu admirer à l'Exposition universelle la belle collection d'objets divers, ont tenté, sur le fleuve des Amazones, des explorations plus ou moins étendues, plus ou moins heureuses en résultats. Mais tous sont restés convaincus des immenses ressources de ces parages pour le commerce français. Tous les rapports, toutes les appréciations à cet égard nous sont connus. Notre but à nous est la mise en pratique, par les moyens économiques les plus intelligents et les plus complets.

L'idée première d'une navigation à vapeur sur le fleuve des Amazones et ses affluents, appartient à notre regrettable ami, M. Pazos, ancien consul général de la Bolivie, avec lequel nous avons vécu assez long-temps en Angleterre et en Belgique. C'est à son dernier voyage a Paris, en 1844, qu'il nous pressa de développer et de compléter cette proposition, ce que nous fîmes dans un mémoire envoyé aux ministères de la marine, du commerce et des affaires étrangères.

Ce mémoire ne traitait nullement la question d'alliance avec la Hollande et n'entrait dans aucune des considérations qui touchent à la politique internationale ; ce point capital nous l'avions réservé, et avec intention, pour le faire valoir en temps opportun, c'est-à-dire, le jour où le gouvernement paraîtrait disposé à nous entendre et à se livrer aux grandes mesures qui doivent constituer enfin notre commerce en général.

Ce qui se passe en ce moment relativement à cette partie du globe, les fonds accordés, la décision ministérielle qui a envoyé des savants sur les lieux, les travaux accomplis pour la colonisation et la culture, surtout, la présence de notre honorable compatriote, le Contre-amiral Baudin (1) comme gouverneur-général, tout cela nous encourage et nous détermine à présenter ce plan qui, nous l'espérons, sera examiné.

____

(1) L'un des officiers supérieurs les plus distingués de la marine française et qui, pendant une assez longue résidence au Sénégal, a donné tant de preuves de son intelligente sollicitude pour les intérêts de notre commerce. Le contre-amiral Baudin est né à Lille (Nord).

LETTRE

De M. le Maréchal Bugeaud, duc d'Isly, après avoir lu
mon travail, le 3 juin 1849.

———

Monsieur,

Je regrette infiniment que les nombreuses occupations
dont je suis accablé, ne me permettent pas en ce moment de contribuer au succès des idées que vous me
soumettez, et qui sont très-justes et très-bonnes....

Je vous engage à les communiquer immédiatement à
M. le Ministre du Commerce que cela concerne spécialement.

Signé

Bugeaud-d'Isly.

www.ingramcontent.com/pod-product-compliance
Ingram Content Group UK Ltd.
Pitfield, Milton Keynes, MK11 3LW, UK
UKHW021640130726
13696UKWH00005B/2323